越絕卷第八

越絕外傳記地傳第十

昔者，越之先君無餘，乃禹之世，別封於越，以守禹冢。問天地之道，萬物之紀，莫失其本。神農嘗百草、水土甘苦，黄帝造衣裳，后稷産穡，制器械，人事備矣。疇糞桑麻，播種五穀，必以手足。大越海濱之民，獨以鳥田，小大有差，進退有行，莫將自使，其故何也？曰：禹始也，憂民救水，到大越，上茅山，大會計，爵有德，封有功，更名茅山曰會稽。及其王也，巡狩大越，見耆老，

納詩書，審銓衡，平斗斛。因病亡死，葬會稽。葦椁桐棺，穿壙七尺，上無漏泄，下無即水。壇高三尺，土階三等，延袤一畝。尚以爲居之者樂，爲之者苦，無以報民功，教民鳥田，一盛一衰。當禹之時，舜死蒼梧，象爲民田也。禹至此者，亦有因矣，亦覆釜也。覆釜者，州土也，填德也。禹美而告至焉。禹知時晏歲暮，年加申酉，求書其下，祠白馬。禹井，井者法也。以爲禹葬以法度，不煩人衆。

無餘初封大越，都秦餘望南，千有餘歲而至句踐。句踐徙治山北，引屬東海，內、外越別封削焉。句踐伐吴，霸關東，徙瑯琊，

起觀臺，臺周七里，以望東海。死士八千人，戈船三百艘。居無幾，躬求賢聖。孔子從弟子七十人，奉先王雅琴，治禮往奏。句踐乃身被賜夷之甲，帶步光之劍，杖物盧之矛，出死士三百人，爲陣關下。孔子有頃姚稽到越。越王曰：『唯唯。夫子何以教之？』孔子對曰：『丘能述五帝三王之道，故奉雅琴至大王所。』句踐喟然嘆曰：『夫越性脆而愚，水行而山處，以船爲車，以楫爲馬，往若飄風，去則難從，鋭兵任死，越之常性也。夫子異則不可。』於是孔子辭，弟子莫能從乎。

越王夫鐔以上至無餘，久遠，世不可紀也。夫鐔子允常。允

常子句踐，大霸稱王，徙瑯琊，都也。句踐子與夷，時霸。與夷子子翁，時霸。子翁子不揚，時霸。不揚子無疆，時霸，伐楚，威王滅無疆。無疆子之侯，竊自立爲君長。之侯子尊，時君長。尊子親，失衆，楚伐之，走南山。親以上至句踐，凡八君，都瑯琊二百二十四歲。無疆以上，霸，稱王。之侯以下微弱，稱君長。

句踐小城，山陰城也。周二里二百二十三步，陸門四，水門一。今倉庫是其宮台處也。周六百二十步，柱長三丈五尺三寸，霤高丈六尺。宮有百户，高丈二尺五寸。大城周二十里七十二步，不築北面。而滅吴，徙治姑胥臺。

山陰大城者，范蠡所築治也，今傳謂之蠡城。陸門三，水門三，決西北，亦有事。到始建國時，蠡城盡。

稷山者，句踐齋戒臺也。

龜山者，句踐起怪游臺也。東南司馬門，因以照龜。又仰望天氣，觀天怪也。高四十六丈五尺二寸，周五百三十二步，今東武里。一曰怪山。怪山者，往古一夜自來，民怪之，故謂怪山。

駕臺，周六百步，今安城里。

離臺，周五百六十步，今淮陽里丘。

美人宮，周五百九十步，陸門二，水門一，今北壇利里丘土城，句踐所習教美女西施、鄭旦宮臺也。女出於苧蘿山，欲獻於吴，自謂東垂僻陋，恐女樸鄙，故近大道居。去縣五里。

樂野者，越之弋獵處，大樂，故謂樂野。其山上石室，句踐所休謀也。去縣七里。

中宿臺馬丘，周六百步，今高平里丘。

東郭外南小城者，句踐冰室，去縣三里。

句踐之出入也，齊於稷山，往從田里，去從北郭門。照龜龜山，更駕臺，馳於離丘，游於美人宮，興樂中宿，過歷馬丘。射於樂野之衢，走犬若耶，休謀石室，食於冰廚。領功銓土，已作昌土臺。藏其形，隱其情。一曰：冰室者，所以備膳羞也。

浦陽者，句踐軍敗失衆，懣於此。去縣五十里。

夫山者，句踐絶糧，困也。其山上大冢，句踐庶子冢也。去縣十五里。

句踐與吴戰於浙江之上，石買爲將。耆老、壯長進諫曰：『夫石買，人與爲怨，家與爲仇，貪而好利，細人也，無長策。王而用之，國必不遂。』王不聽，遂遣之。石買發，行至浙江上，斬殺無罪，欲專威服軍中，動摇將率，獨專其權。士衆恐懼，人不自聊。兵法曰：『視民如嬰兒，故可與赴深溪。』士衆魚爛而買不知，

尚猶峻法隆刑。子胥獨見可奪之證，變爲奇謀，或北或南，夜舉火擊鼓，晝陳詐兵，越師潰墜，政令不行，背叛乖離。還報其王，王殺買，謝其師，號聲聞吴。吴王恐懼，子胥私喜：『越軍敗矣。胥聞之，狐之將殺，噆唇吸齒。今越句踐其已敗矣，君王安意，越易兼也。』使人入問之，越師請降，子胥不聽。越棲於會稽之山，吴退而圍之。句踐喟然用種、蠡計，轉死爲霸。一人之身，吉凶更至。盛衰存亡，在於用臣。治道萬端，要在得賢。越棲於會稽日，行成於吴，吴引兵而去。句踐將降，西至浙江，待詔入吴，故有雞鳴墟。其入辭曰：『亡臣孤句踐，故將士衆，入爲臣虜。民

可得使，地可得有。』吴王許之。子胥大怒，目若夜光，聲若哮虎：『此越未戰而服，天以賜吴，其逆天乎？臣唯君王急剬之。』吴王不聽，遂許之浙江是也。

陽城里者，范蠡城也。西至水路，水門一，陸門二。

北陽里城，大夫種城也，取土西山以濟之。徑百九十四步。或爲南安。

富陽里者，外越賜義也。處里門，美以練塘田。

安城里高庫者，句踐伐吴，禽夫差，以爲勝兵，築庫高閣之。周二百三十步，今安城里。

故禹宗廟，在小城南門外大城内。禹稷在廟西，今南里。

獨山大冢者，句踐自治以爲冢。徙瑯琊，冢不成。去縣九里。

麻林山，一名多山。句踐欲伐吴，種麻以爲弓弦，使齊人守之，越謂齊人『多』，故曰麻林多，以防吴。以山下田封功臣。去縣一十二里。

會稽山上城者，句踐與吴戰，大敗，棲其中。因以下爲目魚池，其利不租。

會稽山北城者，子胥浮兵以守城是也。

若耶大冢者，句踐所徙葬先君夫鐔冢也，去縣二十五里。

葛山者，句踐罷吴，種葛，使越女織治葛布，獻於吴王夫差。去縣七里。

姑中山者，越銅官之山也，越人謂之銅姑瀆。長二百五十步，去縣二十五里。

富中大塘者，句踐治以爲義田，爲肥饒，謂之富中。去縣二十里二十二步。

犬山者，句踐罷吴，畜犬獵南山白鹿，欲得獻吴，神不可得，故曰犬山。其高爲犬亭。去縣二十五里。

白鹿山，在犬山之南，去縣二十九里。

雞山、豕山者，句踐以畜雞豕，將伐吴，以食士也。雞山在錫山南，去縣五十里。豕山在民山西，去縣六十三里。洹江以來屬越。疑豕山在餘暨界中。

練塘者，句踐時采錫山爲炭，稱『炭聚』，載從炭瀆至練塘，各因事名之。去縣五十里。

木客大冢者，句踐父允常冢也。初徙瑯琊，使樓船卒二千八百人伐松柏以爲桴，故曰木客。去縣十五里。一曰句踐伐善材，文刻獻於吴，故曰木客。

官瀆者，句踐工官也。去縣十四里。

苦竹城者，句踐伐吳還，封范蠡子也。其僻居，徑六十步。因爲民治田，塘長千五百三十三步。其冢名土山。范蠡苦勤功篤，故封其子於是，去縣十八里。

北郭外路南溪北城者，句踐築鼓鐘宮也，去縣七里。其邑爲龔錢。

舟室者，句踐船宮也，去縣五十里。

民西大冢者，句踐客秦伊善照龜者冢也，因名冢爲秦伊山。

射浦者，句踐教習兵處也。今射浦去縣五里。射卒陳音死，葬民西，故曰陳音山。

種山者，句踐所葬大夫種也。樓船卒二千人，鈞足羨，葬之三蓬下。種將死，自策：『後有賢者，百年而至，置我三蓬，自章後世。』句踐葬之，食傳三賢。

巫里，句踐所徙巫爲一里，去縣二十五里。其亭祠今爲和公群社稷墟。

巫山者，越𩴾，神巫之官也，死葬其上，去縣十三里許。

六山者，句踐鑄銅，鑄銅不爍，埋之東坂，其上馬箠。句踐遣使者取於南社，徙種六山，飾治爲馬箠，獻之吳。去縣三十五里。

江東中巫葬者，越神巫無杜子孫也。死，句踐於中江而葬之。

巫神，欲使覆禍吴人船。去縣三十里。

石塘者，越所害軍船也。塘廣六十五步，長三百五十三步。去縣四十里。

防塢者，越所以遏吴軍也。去縣四十里。

杭塢者，句踐杭也。二百石長買卒七士人，度之會夷。去縣四十里。

塗山者，禹所取妻之山也，去縣五十里。

朱餘者，越鹽官也。越人謂鹽曰『餘』。去縣三十五里。

句踐已滅吴，使吴人築吴塘，東西千步，名辟首。後因以爲名曰塘。

獨婦山者，句踐將伐吴，徙寡婦致獨山上，以爲死士示，得專一也。去縣四十里。後説之者，蓋句踐所以游軍士也。

馬嗥者，吴伐越，道逢大風，車敗馬失，騎士墮死，疋馬啼嗥，事見吴史。

浙江南路西城者，范蠡敦兵城也。其陵固可守，故謂之固陵。所以然者，以其大船軍所置也。

山陰古故陸道，出東郭，隨直瀆陽春亭。山陰故水道，出東郭，從郡陽春亭。去縣五十里。

語兒鄉，故越界，名曰就李。吴疆越地以爲戰地，至於柴辟亭。

女陽亭者，句踐入官於吴，夫人從，道産女此亭，養于李鄉，句踐勝吴，更名女陽，更就李爲語兒鄉。

吴王夫差伐越，有其邦，句踐服爲臣。三年，吴王復還封句踐於越，東西百里，北鄉臣事吴，東爲右，西爲左。大越故界，浙江至就李，南姑末、寫干。

覲鄉北有武原。武原，今海鹽。姑末，今大末。寫干，今屬豫章。

自無餘初封於越以來，傳聞越王子孫，在丹陽皋鄉，更姓梅，梅里是也。

自秦以來，至秦元王不絶年。元王立二十年，平王立二十三年，惠文王立二十七年，武王立四年，昭襄王亦立五十六年，而滅周赧王，周絶於此。孝文王立一年，莊襄王更號太上皇帝，立三年，秦始皇帝立三十七年，號曰趙政，政，趙外孫，胡亥立二年，子嬰立六月。秦元王至子嬰，凡十王，百七十歲。漢高帝滅之，治咸陽，壹天下。

政使將魏舍、内史教攻韓，得韓王安。政使將王賁攻魏，得魏王歇。政使將王涉攻趙，得趙王尚。政使將王賁攻楚，得楚王成。政使將史敖攻燕，得燕王喜。政使將王涉攻齊，得齊王建。政更號爲秦始皇帝，以其三十七年，東游之會稽，道度牛渚，奏東安，東安，今富春。丹陽，溧陽，鄣故，餘杭軻亭南。東奏槿頭，道度諸暨、大越。以正月甲戌到大越，留舍都亭。取錢塘浙江『岑石』。石長丈四尺，南北面廣六尺，東面廣四尺，西面廣尺六寸，刻文立於越棟山上，其道九曲，去縣二十一里。是時，徙大越民置餘杭伊攻□故鄣。因徙天下有罪適吏民，置海南故大越處，以備東海外越。乃更名大越曰山陰。已去，奏諸暨、錢塘，因奏吳。上姑蘇台，則治射防於宅亭、賈亭北。年至靈，不射，去，奏曲阿、句容，度牛渚，西到咸陽，崩。

越絶卷第九

越絶外傳計倪第十一

昔者，越王句踐近侵於彊吳，遠媿於諸侯，兵革散空，國且滅亡，乃脅諸臣而與之盟：『吾欲伐吳，奈何有功？』群臣默然而無對。王曰：『夫主憂臣辱，主辱臣死，何大夫易見而難使也？』計倪官卑年少，其居在後，舉首而起，曰：『殆哉！非大夫易見難使，是大王不能使臣也。』王曰：『何謂也？』計倪對曰：『夫官位財幣，王之所輕，死者，是士之所重也。王愛所輕，責士所

重，豈不艱哉？』王自揖，進計倪而問焉。

計倪對曰：『夫仁義者，治之門，士民者，君之根本也。闓門固根，莫如正身。正身之道，謹選左右。左右選，則孔主日益上，不選，則孔主日益下。二者貴質浸之漸也。願君王公選於衆，精煉左右，非君子至誠之士，無與居家。使邪僻之氣無漸以生，仁義之行有階，人知其能，官知其治。爵賞刑罰，一由君出，則臣下不敢毁譽以言，無功者不敢干治。故明主用人，不由所從，不問其先，説取一焉。是故周文、齊桓，躬於任賢，太公、管仲，明於知人。今則不然，臣故曰殆哉。』越王勃然曰：『孤聞齊威淫

泆，九合諸侯，一匡天下，蓋管仲之力也。寡人雖愚，唯在大夫。』計倪對曰：『齊威除管仲罪，大責任之，至易。此故南陽蒼句。太公九十而不伐，磻溪之餓人也。聖主不計其辱，以爲賢者。一乎仲，二乎仲，斯可致王，但霸何足道。桓稱仲父，文稱太公，計此二人，曾無跬步之勞、大呼之功，乃忘弓矢之怨，授以上卿。傳曰：直能三公。今置臣而不尊，使賢而不用，譬如門户像設，倚而相欺，蓋智士所耻，賢者所羞。君王察之。』越王曰：『誠者不能匿其辭，大夫既在，何須言哉！』計倪對曰：『臣聞智者不妄言，以成其勞，賢者始於難動，終於有成。傳曰：「易之謙遜對過問，抑威權勢，利器不可示人。」言賞罰由君，此之謂也。故賢君用臣，略責於絶，施之職而成其功，遠使，以效其誠。内告以匿，以知其信。與之講事，以觀其智。飲之以酒，以觀其態。選士以備，不肖者無所置。』

越王大媿，乃壞池填塹，開倉穀，貸貧乏，乃使群臣身問疾病，躬視死喪，不厄窮僻，尊有德；與民同苦樂，激河泉井，示不獨食。行之六年，士民一心，不謀同辭，不呼自來，皆欲伐吴。遂有大功而霸諸侯。孔子曰：『寬則得衆。』此之謂也。

夫有勇見於外，必有仁於内。子胥戰於就李，闔廬傷焉，軍敗而還。是時死傷者不可稱數，所以然者，罷頓不得已。子胥内憂：『爲人臣，上不能令主，下令百姓被兵刃之咎。』自責内傷，莫能知者。故身操死持傷及被兵者，莫不悉於子胥之手，垂涕啼哭，欲伐而死。三年自咎，不親妻子，饑不飽食，寒不重綵，結心於越，欲復其仇。師事越公，録其述。印天之兆，牽牛南斗。赫赫斯怒，與天俱起。發令告民，歸如父母。當胥之言，唯恐爲後。師衆同心，得天之中。

越乃興師，與戰西江。二國争疆，未知存亡。子胥知時變，爲詐兵，爲兩翼，夜火相應。句踐大恐，振旅服降。進兵圍越會稽填山。子胥微策可謂神，守戰數年，句踐行成。子胥争諫，以是不容。宰嚭許之，引兵而還。夫差聽嚭，不殺仇人。興師十萬，與不敵同。聖人譏之，是以《春秋》不差其文。故《傳》曰：『子胥賢者，尚有就李之耻。』此之謂也。

哀哉！夫差不信伍子胥，而任太宰嚭，乃此禍晉之驪姬、亡周之褒姒，盡妖妍於圖畫，極凶悖於人理。傾城傾國，思昭示於後王，麗質冶容，宜求監於前史。古人云：『苦藥利病，苦言利行。』伏念居安思危，日謹一日。《易》曰：『知進而不知退，知存而不知亡，知得而不知喪。』又曰：『進退存亡不失其正者，唯聖人乎！』由此而言，進有退之義，存有亡之幾，得有喪之理。愛之如父母，仰之如日月，敬之如神明，畏之如雷霆，此其可以卜祚遐長，而禍亂不作也。

越絶卷第十

越絶外傳記吴王占夢第十二

昔者，吴王夫差之時，其民殷衆，禾稼登熟，兵革堅利，其民習於鬥戰，闔廬□剬子胥之教，行有日，發有時。道於姑胥之門，晝卧姑胥之臺。覺寤而起，其心惆悵，如有所悔。即召太宰而占之，曰：『向者晝卧，夢入章明之宫。入門，見兩鑩炊而不蒸；見兩黑犬嘷以北，嘷以南；見兩鏵倚吾宫堂；見流水湯湯，越吾宫牆；見前園横索生樹桐；見後房鍛者扶挾鼓小震。子爲寡人精占之，吉則言吉，凶則言凶，無諛寡人之心所從。』太宰嚭對

曰：『善哉！大王興師伐齊。夫章明者，伐齊克，天下顯明也。見兩鑩炊而不蒸者，大王聖氣有餘也。見兩黑犬嘷以北，嘷以南，四夷已服，朝諸侯也。兩鏵倚吾宫堂，夾田夫也。見流水湯湯，越吾宫牆，獻物已至，財有餘也。見前園横索生樹桐，樂府吹巧也。見後房鍛者扶挾鼓小震者，宫女鼓樂也。』吴王大悦，而賜太宰嚭雜繒四十疋。

王心不已，召王孫駱而告之。對曰：『臣智淺能薄，無方術之事，不能占大王夢。臣知有東掖門亭長越公弟子公孫聖，爲人

幼而好學，長而憙游，博聞彊識，通於方來之事，可占大王所夢。臣請召之。』吴王曰：『諾。』王孫駱移記，曰：『今日壬午，左校司馬王孫駱，受教告東掖門亭長公孫聖：吴王晝卧，覺寤而心中惆悵也，如有悔。記到，車馳詣姑胥之臺。』

聖得記，發而讀之，伏地而泣，有頃不起。其妻大君從旁接而起之，曰：『何若子性之大也！希見人主，卒得急記，流涕不止。』公孫聖仰天嘆曰：『嗚呼，悲哉！此固非子之所能知也。今日壬午，時加南方，命屬蒼天，不可逃亡。伏地而泣者，不能自惜，但吴王。諛心而言，師道不明；正言直諫，身死無功。』大君

曰：『汝彊食自愛，慎勿相忘。』伏地而書，既成篇，即與妻把臂而决，涕泣如雨。上車不顧，遂至姑胥之臺，謁見吴王。

吴王勞曰：『越公弟子公孫聖也，寡人晝卧姑胥之臺，夢入章明之宫。入門，見兩鑩炊而不蒸；見兩黑犬嘷以北，嘷以南；見兩鏵倚吾宫堂；見流水湯湯，越吾宫牆；見前園横索生樹桐；見後房鍛者扶挾鼓小震。子爲寡人精占之，吉則言吉，凶則言凶，無諛寡人心所從。』公孫聖伏地，有頃而起，仰天嘆曰：『悲哉！夫好船者溺，好騎者墮，君子各以所好爲禍。諛讒申者，師道不明。正言切諫，身死無功。伏地而泣者，非自惜，

因悲大王。夫章者，戰不勝，走偉偉；明者，去昭昭，就冥冥。見兩鑑炊而不蒸者，王且不得火食。見兩黑犬嗥以北，嗥以南者，大王身死，魂魄惑也。見兩鏵倚吾宮堂者，越人入吳邦，伐宗廟，掘社稷也。見流水湯湯，越吾宮牆者，大王宮堂虛也。前園橫索生樹桐者，桐不爲器用，但爲甬，當與人俱葬。後房鍛者鼓小震者，大息也。王毋自行，使臣下可矣。』太宰嚭、王孫駱惶怖，解冠幘，肉袒而謝。吳王忿聖言不祥，乃使其身自受其殃。王乃使力士石番，以鐵杖擊聖，中斷之爲兩頭。聖仰天嘆曰：『蒼天知冤乎！直言正諫，身死無功。令吾家無葬我，提

我山中，後世爲聲響。』吳王使人提於秦餘杭之山：『虎狼食其肉，野火燒其骨，東風至，飛揚汝灰，汝更能爲聲哉！』太宰嚭前再拜，曰：『逆言已滅，讒諛已亡，因酌行觴，時可以行矣。』吳王曰：『諾。』

王孫駱爲左校司馬，太宰嚭爲右校司馬，王從騎三千，旌旗羽蓋，自處中軍。伐齊大克。師兵三月不去，過伐晉。晉知其兵革之罷倦，糧食盡索，興師擊之，大敗吳師。涉江，流血浮尸者，不可勝數。吳王不忍，率其餘兵，相將至秦餘杭之山。饑餓，足行乏糧，視瞻不明。據地飲水，持籠稻而餐之。顧謂左右曰：

『此何名？』群臣對曰：『是籠稻也。』吳王曰：『悲哉！此公孫聖所言，王且不得火食。』太宰嚭曰：『秦餘杭山西坂閒燕，可以休息，大王亟餐而去，尚有十數里耳。』吳王曰：『吾嘗戮公孫聖於斯山，子試爲寡人前呼之，即尚在耶，當有聲響。』太宰嚭即上山三呼，聖三應。吳王大怖，足行屬腐，面如死灰色，曰：『公孫聖令寡人得邦，誠世世相事。』言未畢，越王追至。兵三圍吳，大夫種處中。范蠡數吳王曰：『王有過者五，寧知之乎？殺忠臣伍子胥、公孫聖。胥爲人先知、忠信，中斷之入江；聖正言直諫，身死無功。此非大過者二乎？夫齊無罪，空復伐之，使鬼神不血食，社稷廢蕪，父子離散，兄弟異居。此非大過者三乎？夫越王句踐，雖東僻，亦得繫於天皇之位，無罪，而王恒使其芻莖秩馬，比於奴虜。此非大過者四乎？太宰嚭讒諛佞諂，斷絕王世，聽而用之。此非大過者五乎？』吳王曰：『今日聞命矣。』

越王撫步光之劍，杖屈盧之矛，瞋目謂范蠡曰：『子何不早圖之乎？』范蠡曰：『臣不敢殺主。臣存主若亡，今日遜敬，天報微功。』越王謂吳王曰：『世無千歲之人，死一耳。』范蠡左手持鼓，右手操枹而鼓之，曰：『上天蒼蒼，若存若亡。何須軍士，斷子之頸，挫子之骸，不亦繆乎？』吴王曰：『聞命矣。以三寸之帛，幎吾兩目，使死者有知，吾慚見伍子胥、公孫聖，以爲無知，吾耻生。』越王則解綬以幎其目，遂伏劍而死。越王殺太宰嚭，戮其妻子，以其不忠信。斷絶吴之世。

越絶卷第十一

越絶外傳記寶劍第十三

昔者，越王句踐有寶劍五，聞於天下。客有能相劍者，名薛燭。王召而問之，曰：『吾有寶劍五，請以示之。』薛燭對曰：『愚理不足以言，大王請，不得已。』乃召掌者，王使取毫曹。薛燭對曰：『毫曹，非寶劍也。夫寶劍，五色並見，莫能相勝。毫曹已擅名矣，非寶劍也。』王曰：『取巨闕。』薛燭曰：『非寶劍也。寶劍者，金錫和銅而不離。今巨闕已離矣，非寶劍也。』王曰：

『然巨闕初成之時，吾坐於露壇之上，宮人有四駕白鹿而過者，車奔鹿驚，吾引劍而指之，四駕上飛揚，不知其絶也。穿銅釜，絶鐵鑩，胥中決如粢米，故曰巨闕。』王取純鈞，薛燭聞之，忽如敗。有頃，懼如悟。下階而深惟，簡衣而坐望之。手振拂揚，其華捽如芙蓉始出。觀其釽，爛如列星之行；觀其光，渾渾如水之溢於塘；觀其斷，巖巖如瑣石；觀其才，煥煥如冰釋。『此所謂純鈞耶？』王曰：『是也。』客有直之者，有市之鄉二，駿馬千疋，千户之都二，可乎？』薛燭對曰：『不可。當造此劍之時，赤堇之山，破而出錫；若耶之溪，涸而出銅；雨師掃灑，雷公擊橐；蛟龍捧鑪，天帝裝炭；太一下觀，天精下之。歐冶乃因天之精神，悉其伎巧，造爲大刑三、小刑二：一曰湛盧，二曰純鈞，三曰勝邪，四曰魚腸，五曰巨闕。吴王闔廬之時，得其勝邪、魚腸、湛盧。闔廬無道，子女死，殺生以送之。湛盧之劍，去之如水，行秦過楚，楚王卧而寤，得吴王湛盧之劍，將首魁漂而存焉。秦王聞而求之，不得，興師擊楚，曰：「與我湛盧之劍，還師去汝。」楚王不與。時闔廬又以魚腸之劍刺吴王僚，使披腸夷之甲三事。闔廬使專諸爲奏炙魚者，引劍而刺之，遂弑王僚。此其小試於敵邦，未見其大用於天下也。今赤堇之山已合，若耶溪深而不測。群神不下，歐冶子即死。雖復傾城量金，珠玉竭河，猶不能得此一物，有市之鄉二、駿馬千疋、千户之都二，何足言哉！』

楚王召風胡子而問之曰：『寡人聞吴有干將，越有歐冶子，此二人甲世而生，天下未嘗有。精誠上通天，下爲烈士。寡人願齎邦之重寶，皆以奉子，因吴王請此二人作鐵劍，可乎？』風胡子曰：『善。』於是乃令風胡子之吴，見歐冶子、干將，使之作鐵劍。歐冶子、干將鑿茨山，洩其溪，取鐵英，作爲鐵劍三枚：一曰龍淵，二曰泰阿，三曰工布。畢成，風胡子奏之楚王。楚王見此三劍之精神，大悅風胡子，問之曰：『此三劍何物所象？其名爲何？』風胡子對曰：『一曰龍淵，二曰泰阿，三曰工布。』楚王曰：『何謂龍淵、泰阿、工布？』風胡子對曰：『欲知龍淵，觀其狀，如登高山，臨深淵；欲知泰阿，觀其釽，巍巍翼翼，如流水之波；欲知工布，釽從文起，至脊而止，如珠不可衽，文若流水不絶。』

晉鄭王聞而求之，不得，興師圍楚之城，三年不解。倉穀粟索，庫無兵革。左右群臣、賢士，莫能禁止。於是楚王聞之，引泰阿之劍，登城而麾之。三軍破敗，士卒迷惑，流血千里，猛獸歐瞻，江水折揚，晉鄭之頭畢白。楚王於是大悦，曰：『此劍威耶？寡人力耶？』風胡子對曰：『劍之威也，因大王之神。』楚王曰：『夫劍，鐵耳，固能有精神若此乎？』風胡子對曰：『時各有使然。軒轅、神農、赫胥之時，以石爲兵，斷樹木爲宫室，死而龍臧。夫神聖主使然。至黄帝之時，以玉爲兵，以伐樹木爲宫室，鑿地。夫玉，亦神物也，又遇聖主使然，死而龍臧。禹穴之時，以銅爲兵，以鑿伊闕，通龍門，決江導河，東注於東海。天下通平，治爲宫室，豈非聖主之力哉？當此之時，作鐵兵，威服三軍。天下聞之，莫敢不服。此亦鐵兵之神，大王有聖德。』楚王曰：『寡人聞命矣。』

越絕卷第十二

越絕內經九術第十四

昔者，越王句踐問大夫種曰：『吾欲伐吳，奈何能有功乎？』大夫種對曰：『伐吳有九術。』王曰：『何謂九術？』對曰：『一曰尊天地，事鬼神；二曰重財幣，以遺其君；三曰貴糴粟槁，以空其邦；四曰遺之好美，以爲勞其志；五曰遺之巧匠，使起宮室高臺，盡其財，疲其力；六曰遺其諛臣，使之易伐；七曰彊其諫臣，使之自殺；八曰邦家富而備器；九曰堅厲甲兵，以承其弊。故曰九者勿患，戒口勿傳，以取天下不難，況於吳乎？』越王曰：

『善。』

於是作爲策楯，嬰以白璧，鏤以黃金，類龍蛇而行者。乃使大夫種獻之於吳，曰：『東海役臣孤句踐，使者臣種，敢修下吏，問於左右。賴有天下之力，竊爲小殿，有餘財，再拜獻之大王。』吳王大悅。申胥諫曰：『不可。王勿受。昔桀起靈門，紂起鹿臺，陰陽不和，五穀不時，天與之災，邦國空虛，遂以之亡。大王受之，是後必有災。』吳王不聽，遂受之而起姑胥臺。三年聚材，五年乃成。高見二百里。行路之人，道死尸哭。

越乃飾美女西施、鄭旦，使大夫種獻之於吴王，曰：『昔者，越王句踐竊有天之遺西施、鄭旦，越邦洿下貧窮，不敢當，使下臣種再拜獻之大王。』吴王大悦。申胥諫曰：『不可。王勿受。臣聞五色令人目不明，五音令人耳不聰。桀易湯而滅，紂易周文而亡。大王受之，後必有殃。胥聞越王句踐晝書不倦，晦誦竟旦，聚死臣數萬，是人不死，必得其願。胥聞越王句踐服誠行仁，聽諫，進賢士，是人不死，必得其名。胥聞越王句踐冬披毛裘，夏披絺綌，是人不死，必爲利害。胥聞賢士，邦之寳也；美女，邦之咎也。夏亡於末喜，殷亡於妲己，周亡於褒姒。』吴王不聽，遂受其女，以申胥爲不忠而殺之。

越乃興師伐吴，大敗之於秦餘杭山，滅吴，禽夫差，而戮太宰嚭與其妻子。

越絶外傳記軍氣第十五

夫聖人行兵，上與天合德，下與地合明，中與人合心。義合乃動，見可乃取。小人則不然，以彊厭弱，取利於危，不知逆順，快心於非。故聖人獨知氣變之情，以明勝負之道。凡氣有五色：青、黄、赤、白、黑。色因有五變。人氣變，軍上有氣，五色相連，與天相抵。此天應，不可攻，攻之無後。其氣盛者，攻之不勝。

軍上有赤色氣者，徑抵天，軍有應於天，攻者其誅乃身。軍上有青氣盛明，從□，其本廣末鋭而來者，此逆兵氣也，爲未可攻，衰去乃可攻。青氣在上，其謀未定；青氣在右，將弱兵多；青氣在後，將勇穀少，先大後小；青氣在左，將少卒多，兵少軍罷；青氣在前，將暴，其軍必來。赤氣在軍上，將謀未定。其氣本廣末鋭而來者，爲逆兵氣，衰去乃可攻。赤氣在右，將軍勇而兵少，卒彊，必以殺降；赤氣在後，將弱，卒彊，敵少，攻之殺將，其軍可降；赤氣在右，將勇，敵多，兵卒彊；赤氣在前，將勇兵少，穀多卒少，謀不來。黄氣在軍上，將謀未定。其本廣末鋭而來者，爲逆兵氣，衰去乃可攻。黄氣在右，將智而明，兵多卒彊，穀足而不可降；黄氣在後，將智而勇，卒彊兵少，穀少；黄氣在左，將弱卒少，兵少穀亡，攻之必傷；黄氣在前，將勇智，卒多彊，穀足而有多爲，不可攻也。白氣在軍上，將賢智而明，卒威勇而彊。其氣本廣末鋭而來者，爲逆兵氣，衰去乃可攻。白氣在右，將勇而卒彊，兵多穀亡；白氣在後，將仁而明，卒少兵多，穀少軍傷；白氣在左，將勇而彊，卒多穀少，可降；白氣在前，將弱卒亡，穀少，攻之可降。黑氣在軍上，將謀未定。其氣本廣末鋭而來者，爲逆兵，去乃可攻。黑氣在右，將弱卒少，兵亡，穀盡軍傷，可不攻自降；黑氣在後，將勇卒彊，兵少穀亡，攻之殺將，軍亡；黑氣在左，將智而勇，卒少兵少，攻之殺將，其軍自降；黑氣在前，將智而明，卒少穀盡，可不攻自降。

故明將知氣變之形，氣在軍上，其謀未定；其在右而低者，欲爲右伏兵之謀；其氣在前而低者，欲爲前伏陣也；其氣在後而低者，欲爲走兵陣也；其氣陽者，欲爲去兵；其氣在左而低者，欲爲左陣；其氣間其軍，欲有入邑。

右子胥相氣取敵大數，其法如是。軍無氣，算於廟堂，以知疆弱。一、五、九，西向吉，東向敗亡，無東；二、六、十，南向吉，北向敗亡，無北；三、七、十一，東向吉，西向敗亡，無西；四、八、十二，北向吉，南向敗亡，無南。此其用兵月日數，吉凶所避也。舉兵無擊太歲上物，卯也。始出各利，以其四時制日，是之謂也。

韓故治，今京兆郡，角、亢也。

鄭故治，角、亢也。

燕故治，今上漁陽、右北平、遼東、莫郡，尾、箕也。

越故治，今大越山陰，南斗也。

吴故治西江，都牛、須女也。

齊故治臨菑，今濟北、平原、北海郡、菑川、遼東、城陽，虚、危也。

衛故治濮陽，今廣陽、韓郡，營室、壁也。

魯故治太山、東温、周固水，今魏東，奎、婁也。

梁故治，今濟陰、山陽、濟北、東郡，畢也。

晉故治，今代郡、常山、中山、河間、廣平郡，觜也。

秦故治雍，今内史也，巴郡、漢中、隴西、定襄、太原、安邑，東井也。

周故治雒，今河南郡，柳、七星、張也。

楚故治郢，今南郡、南陽、汝南、淮陽、六安、九江、廬江、豫章、長沙，翼、軫也。

趙故治邯鄲，今遼東、隴西、北地、上郡、雁門、北郡、清河，參也。

越絶卷第十三

越絶外傳枕中第十六

昔者，越王句踐問范子曰：『古之賢主、聖王之治，何左何右？何去何取？』范子對曰：『臣聞聖主之治，左道右術，去末取實。』越王曰：『何謂道？何謂術？何謂末？何謂實？』范子對曰：『道者，天地先生，不知老；曲成萬物，不名巧。故謂之道。道生氣，氣生陰，陰生陽，陽生天地。天地立，然後有寒暑、燥濕、日月、星辰、四時，而萬物備。術者，天意也。盛夏之時，萬物遂長。聖人緣天心，助天喜，樂萬物之長。故舜彈五弦之琴，歌《南風》之詩，而天下治。言其樂與天下同也。當是之時，頌聲作。所謂末者，名也。故名過實，則百姓不附親，賢士不爲用。而外□諸侯，聖主不爲也。所謂實者，穀□也，得人心，任賢士也。凡此四者，邦之寶也。』

越王曰：『寡人躬行節儉，下士求賢，不使名過實，此寡人所能行也。多貯穀，富百姓，此乃天時水旱，寧在一人耶？何以備之？』范子曰：『百里之神，千里之君。湯執其中和，舉伊尹，收天下雄雋之士，練卒兵，率諸侯兵伐桀，爲天下除殘去賊，萬民皆歌而歸之。是所謂執其中和者。』越王曰：『善哉，中和所致也！寡人雖不及賢主、聖王，欲執其中和而行之。今諸侯之地，或多或少，疆弱不相當。兵革暴起，何以應之？』范子曰：『知保人之身者，可以王天下；不知保人之身，失天下者也。』越王曰：『何謂保人之身？』范子曰：『天生萬物而教之而生。人得穀即不死，穀能生人，能殺人。故謂人身。』

越王曰：『善哉。今寡人欲保穀，爲之奈何？』范子曰：『欲保，必親於野，睹諸所多少爲備。』越王曰：『所少，可得爲因其貴賤，亦有應乎？』范子曰：『夫八穀貴賤之法，必察天之三表，即決矣。』越王曰：『請問三表。』范子曰：『水之勢勝金，陰氣蓄積大盛，水據金而死，故金中有水。如此者，歲大敗，八穀皆貴。金之勢勝木，陽氣蓄積大盛，金據木而死，故木中有火。如此者，歲大美，八穀皆賤。金、木、水、火更相勝，此天之三表者也，不可不察。能知三表，可爲邦寶。不知三表之君，千里之神，萬里之君。故天下之君，發號施令，必順於四時。四時不正，則陰陽不調，寒暑失常。如此，則歲惡，五穀不登。聖主施令，必審於四時，此至禁也。』越王曰：『此寡人所能行也。願欲知圖穀上下貴賤，欲與他貨之内以自實，爲之奈何？』范子曰：『夫八穀之賤也，如宿穀之登，其明也。諦審察陰陽消息，觀市之反覆，雌雄之相逐，天道乃畢。』

越王問范子曰：『何執而昌？何行而亡？』范子曰：『執其中則昌，行奢侈則亡。』越王曰：『寡人欲聞其説。』范子曰：『臣聞古之賢主、聖君，執中和而原其終始，即位安而萬物定矣；不執其中和，不原其終始，即尊位傾，萬物散。文武之業，桀紂之跡，可知矣。古者天子及至諸侯，自滅至亡，漸漬乎滋味之費，没溺於聲色之類，牽攣於珍怪貴重之器，故其邦空虚。困其士民，以爲須臾之樂，百姓皆有悲心，瓦解而倍畔者，桀紂是也。身死

邦亡，爲天下笑。此謂行奢侈而亡也。湯有七十里地。務執三表，可謂邦寶；不知三表，身死棄道。』

越王問范子曰：『春肅，夏寒，秋榮，冬泄，人治使然乎？將道也？』范子曰：『天道三千五百歲，一治一亂，終而復始，如環之無端，此天之常道也。四時易次，寒暑失常，治民然也。故天生萬物之時，聖人命之曰春。春不生遂者，故天不重爲春。春者，夏之父也。故春生之，夏長之，秋成而殺之，冬受而藏之。春肅而不生者，王德不究也；夏寒而不長者，臣下不奉主命也；秋順而復榮者，百官刑不斷也；冬温而泄者，發府庫賞無功也。此所

謂四時者，邦之禁也。』越王曰：『寒暑不時，治在於人，可知也。願聞歲之美惡，穀之貴賤，何以紀之？』范子曰：『夫陰陽錯繆，即爲惡歲；人生失治，即爲亂世。夫一亂一治，天道自然。八穀亦一賤一貴，極而復反。言亂三千歲，必有聖王也。八穀貴賤更相勝。故死凌生者，逆，大貴；生凌死者，順，大賤。』越王曰：『善。』

越王問於范子曰：『寡人聞人失其魂魄者，死；得其魂魄者，生。物皆有之，將人也？』范子曰：『人有之，萬物亦然。天地之間，人最爲貴。物之生，穀爲貴，以生人，與魂魄無異，可得豫知也。』越王曰：『其善惡可得聞乎？』范子曰：『欲知八穀之貴賤、上下、衰極，必察其魂魄，視其動静，觀其所舍，萬不失一。』問曰：『何謂魂魄？』對曰：『魂者，橐也；魄者，生氣之源也。故神生者，出入無門，上下無根，見所而功自存，故名之曰神。神主生氣之精，魂主死氣之舍也。魄者主賤，魂者主貴，故當安静而不動。魂者，方盛夏而行，故萬物得以自昌。神者，主氣之精，主貴而雲行，故方盛夏之時不行，即神氣槁而不成物矣。故死凌生者，歲大敗；生凌死者，歲大美。故觀其魂魄，即知歲之善惡矣。』

越王問於范子曰：『寡人聞陰陽之治，不同力而功成，不同氣而物生，可得而知乎？願聞其說。』范子曰：『臣聞陰陽氣不同處，萬物生焉。冬三月之時，草木既死，萬物各異藏，故陽氣避之下藏，伏壯於内，使陰陽得成功於外。夏三月盛暑之時，萬物遂長，陰氣避之下藏，伏壯於内，然而萬物親而信之，是所謂也。陽者主生，萬物方夏三月之時，大熱不至，則萬物不能成。陰氣主殺，方冬三月之時，地不内藏，則根荄不成，即春無生。故一時失度，即四序爲不行。』

越王曰：『善。寡人已聞陰陽之事，穀之貴賤，可得而知乎？』范子曰：『陽者主貴，陰者主賤。故當寒而不寒者，穀爲之暴貴；當温而不温者，穀爲之暴賤。譬猶形影、聲響相聞，豈得不復哉！故曰秋冬貴陽氣施於陰，陰極而復貴；春夏賤陰氣施於陽，陽極而不復。』越王曰：『善哉！』以丹書帛，置之枕中，以爲國寶。

越五日，困於吴，請於范子曰：『寡人守國無術，負於萬物，幾亡邦危社稷，爲旁邦所議，無定足而立。欲捐軀出死，以報吴仇，爲之奈何？』范子曰：『臣聞聖主爲不可爲之行，不惡人之謗己；爲足舉之德，不德人之稱己。舜循之歷山，而天下從風。

使舜釋其所循，而求天下之利，則恐不全其身。昔者神農之治天下，務利之而已矣，不望其報。不貪天下之財，而天下共富之。所以其智能自貴於人，而天下共尊之。故曰富貴者，天下所置，不可奪也。今王利地貪財，接兵血刃，僵尸流血，欲以顯於世，不亦謬乎？』

越王曰：『上不逮於神農，下不及於堯舜，今子以至聖之道以説寡人，誠非吾所及也。且吾聞之也，父辱則子死，君辱則臣死。今寡人親已辱於吴矣。欲行一切之變，以復吴仇，願子更爲寡人圖之。』范子曰：『君辱則死，固其義也。立死。下士人而求成邦者，上聖之計也。且夫廣天下，尊萬乘之主，使百姓安其居、樂其業者，唯兵。兵之要在於人，人之要在於穀。故民衆則主安，穀多則兵疆。王而備此二者，然後可以圖之也。』越王曰：『吾欲富邦疆兵，地狹民少，奈何爲之？』范子曰：『夫陽動於上，以成天文，陰動於下，以成地理。審察開置之要，可以爲富。凡欲先知天門開及地户閉，其術：天高五寸，減天寸六分以成地。謹司八穀，初見出於天者，是謂天門開，地户閉，陽氣不得下入地户。故氣轉動而上下、陰陽俱絶，八穀不成，大貴必應其歲而起，此天變見符也。謹司八穀，初見入於地者，是謂地户閉。陰陽俱會，八穀大成，其歲大賤，來年大饑，此地變見瑞也。謹司八穀，初見半於人者，糴平，熟，無災害。故天倡而見符，地應而見瑞。聖人上知天，下知地，中知人，此之謂天平地平，以此爲天圖。』

越王既已勝吳三日，反邦未至，息，自雄，問大夫種曰：『夫聖人之術，何以加於此乎？』大夫種曰：『不然。王德范子之所言，故天地之符應邦，以藏聖人之心矣。然而范子豫見之策，未肯爲王言者也。』越王愀然而恐，面有憂色。請於范子，稱曰：『寡人用夫子之計，幸得勝吳，盡夫子之力也。寡人聞夫子明於陰陽進退，豫知未形，推往引前，後知千歲，可得聞乎？寡人虛心垂意，聽於下風。』范子曰：『夫陰陽進退，前後幽冥，未見未形，此持殺生之柄，而王制於四海，此邦之重寶也。王而毋泄此事，臣請爲王言之。』越王曰：『夫子幸教寡人，願與之自藏，至死不敢忘。』范子曰：『陰陽進退者，固天道自然，不足怪也。夫陰入淺者即歲善，陽入深者則歲惡。幽幽冥冥，豫知未形。故聖人見物不疑，是謂知時，固聖人所不傳也。夫堯舜禹湯，皆有豫見之勞，雖有凶年而民不窮。』越王曰：『善。』以丹書帛，置之枕中，以爲邦寶。

范子已告越王，立志入海，此謂天地之圖也。

越絶卷第十四

越絶外傳春申君第十七

昔者，楚考烈王相春申君吏李園。園女弟女環謂園曰：『我聞王老無嗣，可見我於春申君。我欲假於春申君。我得見於春申君，徑得見於王矣。』園曰：『春申君，貴人也，千里之佐，吾何託敢言？』女環曰：『即不見我，汝求謁於春申君：「才人告，遠道客，請歸待之。」彼必問汝：「汝家何等遠道客者？」因對曰：「園有女弟，魯相聞之，使使者來求之園，才人使告園者。」彼必有問：「汝女弟何能？」對曰：「能鼓音。讀書通一經。」故彼必見我。』園曰：『諾。』

明日，辭春申君：『才人有遠道客，請歸待之。』春申君果問：『汝家何等遠道客？』對曰：『園有女弟，魯相聞之，使使求之。』春申君曰：『何能？』對曰：『能鼓音，讀書通一經。』春申君曰：『可得見乎？明日，使待於離亭。』園曰：『諾。』既歸，告女環曰：『吾辭於春申君，許我明日夕待於離亭。』女環曰：『園宜先供待之。』

春申君到，園馳人呼女環到，黄昏，女環至，大縱酒。女環鼓琴，曲未終，春申君大悅。留宿。明日，女環謂春申君曰：『妾聞王老無嗣，屬邦於君。君外淫，不顧政事，使王聞之，君上負於王，使妾兄下負於夫人，爲之奈何？無泄此口，君召而戒之。』春申君以告官屬：『莫有聞淫女也。』皆曰：『諾。』

與女環通，未終月，女環謂春申君曰：『妾聞王老無嗣，今懷君子一月矣，可見妾於王，幸産子男，君即王公也，而何爲佐乎？君戒念之。』春申君曰：『諾。』

五日而道之：『邦中有好女，中相，可屬嗣者。』烈王曰：『諾。』即召之。烈王悅，取之。十月産子男。

十年，烈王死，幽王嗣立。女環使園相春申君。相之三年，然後告園：『以吳封春申君，使備東邊。』園曰：『諾。』即封春申君於吳。幽王后懷王，使張儀詐殺之。懷王子頃襄王，秦始皇帝使王翦滅之。

越絶德序外傳記第十八

昔者，越王句踐困於會稽，歎曰：『我其不伯乎！』欲殺妻子，角戰以死。蠡對曰：『殆哉！王失計也，愛其所惡。且吳王賢不離，不肖不去，若卑辭以地讓之，天若棄彼，彼必許。』句踐曉焉，曰：『豈然哉！』遂聽能以勝。越王句踐即得平吳，春祭三江，秋祭五湖。因以其時，爲之立祠，垂之來世，傳之萬載。鄰邦樂德，以來取足。范蠡内視若盲，反聽若聾，度天關，涉天機，後衽天人，前帶神光。當是時言之者，□其去甚微甚密，王已失之矣，然終難復見得。於是度兵徐州，致貢周室，元王以之中興，號爲州伯，以爲專句踐之功，非王室之力。是時越行伯道，沛歸於宋；浮陵以付楚；臨沂、開陽，復之於魯。中邦侵伐，因斯衰止。以其誠行於内，威發於外，越專其功，故曰《越絶》是也。故傳曰：『桓公迫於外子，能以覺悟。句踐執於會稽，能因以伯。』堯舜雖聖，不能任狼致治。管仲能知人，桓公能任賢，蠡善慮患，句踐能行焉。臣主若斯，其不伯，得乎？《易》曰：『君臣同心，其利斷金。』此之謂也。

吴越之事煩而文不喻，聖人略焉。賢者垂意，深省厥辭，觀斯智愚。夫差狂惑，賊殺子胥，句踐至賢，種曷爲誅？范蠡恐懼，逃於五湖，蓋有説乎？夫吴知子胥賢，猶昏然誅之。《傳》曰：『人之將死，惡聞酒肉之味，邦之將亡，惡聞忠臣之氣。』身死不爲醫，邦亡不爲謀，還自遺災，蓋木土水火，不同氣居，此之謂也。

種立休功，其後厥過自伐。句踐知其仁也，不知其信。見種爲吴通越，稱：『君子不危窮，不滅服。』以忠告，句踐非之，見乎顔色。范蠡因心知意，策問其事，卜省其辭，吉耶凶耶？兆言其災。夫子見利與害，去於五湖。蓋謂知其道，貴微而賤獲。《易》曰：『知幾其神乎？道以不害爲左。』《傳》曰：『知始無終，厥道必窮。』此之謂也。

子胥賜劍將自殺，嘆曰：『嗟乎！衆曲矯直，一人固不能獨立。吾挾弓矢以逸鄭楚之間，自以爲可復吾見凌之仇，乃先王之功，想得報焉，自致於此。吾先得榮，後僇者，非智衰也，先遇明，後遭險，君之易移也已矣。坐不遇時，復何言哉。此吾命也，亡將安之？莫如早死，從吾先王於地下，蓋吾之志也。』吴王將殺子胥，使馮同徵之。胥見馮同，知爲吴王來也。洩言曰：『王不親輔弼之臣而親衆豕之言，是吾命短也。高置吾頭，必見越人入吴也，我王親爲禽哉！捐我深江，則亦已矣！』胥死之後，吴王聞，以爲妖言，甚咎子胥。王使人捐於大江口。勇士執之，乃有遺響，發憤馳騰，氣若奔馬。威凌萬物，歸神大海。仿佛之間，音兆常在。後世稱述，蓋子胥，水僊也。

子胥挾弓去楚，唯夫子獨知其道。事□世□有退，至今實之，實秘文之事。深述厥兆，徵爲其戒。齊人歸女，其後亦重。各受一篇，文辭不既，經傳外章，輔發其類。故聖人見微知著，睹始知終。由此觀之，夫子不王可知也。恭承嘉惠，述暢往事。夫子作經，攬史記，憤懣不泄，兼道事後，覽承傳説。厥意以爲周道不敝，《春秋》不作。蓋夫子作《春秋》，記元於魯。大義立，微言屬，五經六藝，爲之檢式。垂意於越，以觀枉直。陳其本末，抽其統紀，章決句斷，各有終始。吴越之際，夫差弊矣，是之謂也。故觀乎《太伯》，能知聖賢之分；觀乎《荆平》，能知信勇之變；觀乎《吴越》，能知陰謀之慮；觀乎《計倪》，能知陰陽消息之度；觀乎《請糴》，能知□人之使敵邦賢不肖；觀乎《九術》，能知取人之真，轉禍之福；觀乎《兵法》，能知却敵之路；觀乎《陳恒》，能知古今相取之術；觀乎德叙，能知忠直所死，狂懜通拙。經百八章，上下相明。齊桓興盛，執操以同。管仲達於霸紀，范蠡審乎吉凶終始。夫差不能□邦之治。察乎馮同、宰嚭，能知諂臣之所移，哀彼離德信不用。内痛子胥忠諫邪君，反受其咎。夫差誅子胥，自此始亡之謂也。

越絶卷第十五

越絶篇叙外傳記第十九

維先古九頭之世，蒙水之際，興敗有數，承三繼五。故曰衆者傳目，多者信德。自此之時，天下大服。三皇以後，以一治人。至於三王，争心生，兵革越，作肉刑。五胥因悉挾方氣，歷天漢。孔子感精，知後有疆秦喪其世，而漢興也。賜權齊、晉、越，入吴。孔子推類，知後有蘇秦也。權衡相動，衡五相發。道獲麟，周盡證也，故作《春秋》以繼周也。此時天地暴清，日月一明，弟子欣

然，相與太平。孔子懷聖承弊，無尺土所有，一民所子，睹麟垂涕，傷民不得其所，非聖人孰能痛世若此。萬代不滅，無能復述。故聖人没而微言絶。賜見《春秋》改文尚質，譏二名，興秦王，亦發憤記吴越，章句其篇，以喻後賢。賜之説也，魯安，吴敗，晉疆，越霸，世春秋二百餘年，垂象後王。賜傳吴越，□指於秦。聖人發一隅，辯士宣其辭，聖文絶於彼，辯士絶於此。故題其文，謂之《越絶》。

問曰：『《越絶》始於《太伯》，終於《陳恒》，何？』『《論語》曰：「雖小道，必有可觀者焉。」乃太伯審於始，知去上賢。太伯

特不恨，讓之至也。始於《太伯》，仁賢，明大吴也。仁能生勇，故次以《荆平》也，勇子胥忠、正、信、智以明也。智能生詐，故次以《吴人》也，善其務救蔡，勇其伐荆。其范蠡行爲，持危救傾也，莫如循道順天，富邦安民，故次《計倪》。富邦安民，故於自守，易以取，故次《請糴》也。一其愚，故乖其政也。請粟者求其福禄，必可獲，故次以《九術》。順天心，終和親，即知其情。策於廊廟，以知彊弱。時至，伐必可克，故次《兵法》。兵，凶器也。動作不當，天與其殃。知此上事，乃可用兵。《易》之卜將，《春秋》無將，子謀父，臣殺主，天地所不容載。惡之甚深，故終於《陳恒》也。」

問曰：「《易》之卜將，《春秋》無將。今荆平何善乎？君無道，臣仇主，以次《太伯》，何？」曰：「非善荆平也，乃勇子胥也，臣不討賊，子不復仇，非臣子也。故賢其冤於無道之楚，困不死也；善其以匹夫得一邦之衆，並義復仇，傾諸侯也；非義不爲，非義不死也。」

問曰：「子胥妻楚王母，無罪而死於吴。其行如是，何義乎？」曰：「孔子固貶之矣。賢其復仇，惡其妻楚王母也。然《春秋》之義，量功掩過也。賢之，親親也。」「子胥與吴何親乎？」曰：「子胥以困干闔廬，闔廬勇之甚，將爲復仇，名譽甚著。《詩》

云：「投我以桃，報之以李。」夫差下愚不移，終不可奈何。言不用，策不從，昭然知吴將亡也。受闔廬厚恩，不忍去而自存，欲著其諫之功也。故先吴敗而殺也。死人且不負，而况面在乎？昔者管仲生，伯業興。子胥死，伯名成。周公貴一概，不求備於一人。及外篇各有差叙，師不説。』

問曰：『子胥未賢耳。賢者所過化，子胥賜劍，欲無死，得乎？』盲者不可示以文繡，聾者不可語以調聲。瞽瞍不移，商均不化。湯繫夏臺，文王拘於殷。時人謂舜不孝，堯不慈，聖人不悦下愚，而况乎子胥？當困於楚，劇於吴，信不去耳，何拘之有？孔子貶之奈何？其報楚也，稱子胥妻楚王母，及乎夷狄。貶之，言吴人也。』

問曰：『句踐何德也？』曰：『伯德，賢君也。』『《傳》曰：「危人自安，君子弗爲；奪人自與，伯夷不多。」行僞以勝，滅人以伯，其賢奈何？』曰：『是固伯道也。祺道厭駁，一善一惡。當時無天子，彊者爲右，使句踐無權，滅邦久矣。子胥信而得衆道，范蠡善僞以勝。當明王天下太平，諸侯和親，四夷樂德，款塞貢珍，屈膝請臣，子胥何由乃困於楚？范蠡不久乃爲狂者？句踐何當屬莝養馬？遭逢變亂，權以自存，不亦賢乎？行伯非賢，晉文之能因時順宜，隨而可之。故空社易爲福，危民易爲德，是之謂也。」

問曰：『子胥、范蠡何人也？』『子胥勇而智，正而信。范蠡智而明，皆賢人。』問曰：『子胥死，范蠡去，二人行違，皆稱賢，何？』『《論語》曰：「陳力就列，不能者止。」事君以道言耳。范蠡單身入越，主於伯，有所不合，故去也。』問曰：『不合何不死？』曰：『去止，事君之義也。義無死，胥死者，受恩深也。今蠡猶重也，不明甚矣。』問曰：『受恩死，死之善也。臣事君，猶妻事夫，何以去？』『《論語》曰：「三日不朝，孔子行。」行者，去也。《傳》曰：「孔子去魯，燔俎無肉；曾子去妻，藜蒸不熟。」微子去，比干死，孔子並稱仁。行雖有異，其義同。』『死與生，敗與成，其同奈何？』『《論語》曰：「有殺身以成仁。」子胥重其信，范蠡貴其義。信從中出，義從外出。微子去者，痛殷道也。比干死者，忠於紂也。箕子亡者，正其紀也。皆忠信之至，相爲表裏耳。』問曰：『二子孰愈乎？』曰：『以爲同耳。然子胥無爲能自免於無道之楚，不忘舊功，滅身爲主。合，即能以霸；不合，可去則去，可死則死。范蠡遭世不明，被髮佯狂，無主不行，無主不止。色斯而舉，不害於道。億則屢中，貨財殖聚。作詐成伯，不合乃去。三遷避位，名聞海内。去越入齊，老身西陶。仲子由楚，傷中而死。二子行有始終。子胥可謂兼人乎？』

問曰：『子胥伐楚宫，射其子，不殺，何也？』『弗及耳。楚世子奔逃雲夢之山。子胥兵笞平王之墓，昭王遣大夫申包胥入秦請救。于斧漁子進諫子胥，子胥適會秦救至，因引兵還。越見其榮於無道之楚，興兵伐吴。子胥以不得已，迎之就李。』問曰：『笞墓何名乎？』『子之復仇，臣之討賊，至誠感天，矯枉過直。乳狗哺虎，不計禍福。大道不誅，誅首惡。子胥笞墓不究也。』

維子胥之述吴越也，因事類，以曉後世。著善爲誠，譏惡爲誠。句踐以來，至乎更始之元，五百餘年，吴越相復見於今。百歲一賢，猶爲比肩。記陳厥説，略其有人。以去爲姓，得衣乃成。厥名有米，覆之以庚。禹來東征，死葬其疆。不直自斥，託類自明。寫精露愚，略以事類，俟告後人。文屬辭定，自于邦賢。邦賢以口爲姓，丞之以天。楚相屈原，與之同名。明於古今，德配顔淵。時莫能與，伏竄自容。年加申酉，懷道而終。友臣不施，猶夫子得麟。覽睹厥意，嗟嘆其文，於乎哀哉！温故知新，述暢子胥，以喻來今。經世歷覽，論者不得，莫能達焉。猶《春秋》鋭精堯舜，垂意周文。配之天地，著於五經。齊德日月，比智陰陽。

《詩》之《伐柯》，以己喻人。後生可畏，蓋不在年。以口爲姓，萬事道也。丞之以天，德高明也。屈原同名，意相應也。百歲一賢，賢復生也。明於古今，知識宏也。德比顔淵，不可量也。時莫能用，籥口鍵精，深自誠也。猶子得麟，丘道窮也。姓有去，不能容也。得衣乃成，賢人衣之能章也。名有米，八政寶也。覆以庚，兵絶之也。於乎哀哉，莫肯與也。屈原隔界，放於南楚，自沉湘水，蠡所有也。

文華叢書

《文華叢書》是廣陵書社歷時多年精心打造的一套綫裝小型開本國學經典。選目均爲中國傳統文化之經典著作，如《唐詩三百首》《宋詞三百首》《古文觀止》《四書章句》《六祖壇經》《山海經》《天工開物》《歷代家訓》《納蘭詞》《紅樓夢詩詞聯賦》等，均爲家喻户曉、百讀不厭的名作。裝幀採用中國傳統的宣紙、綫裝形式，古色古香，樸素典雅，富有民族特色和文化品位。精選底本，精心編校，字體秀麗，版式疏朗，價格適中。經典名著與古典裝幀珠聯璧合，相得益彰，贏得了越來越多讀者的喜愛。現附列書目，以便讀者諸君選購。

人間詞話（套色）（二册）
了凡四訓　勸忍百箴（二册）
三字經・百家姓・千字文・弟子規（外二種）（二册）
三曹詩選（二册）
小窗幽紀（二册）
山谷詞（套色、插圖）（二册）
山海經（插圖本）（三册）
千家詩（二册）
王安石詩文選（二册）
王維詩集（二册）
天工開物（插圖本）（四册）
元曲三百首（二册）
元曲三百首（插圖本）（二册）
太極圖説・通書（二册）
水雲樓詞（套色、插圖）（二册）
片玉詞（套色、注評、插圖）（二册）
六祖壇經（二册）
文心雕龍（二册）
文房四譜（二册）
孔子家語（二册）
世説新語（二册）
古文觀止（四册）
古詩源（三册）
史記菁華録（三册）
史略・子略（三册）
四書章句（大學、中庸、論語、孟子）（二册）
白雨齋詞話（三册）
白居易詩選（二册）
老子・莊子（三册）
西廂記（插圖本）（二册）
列子（二册）
伊洛淵源録（二册）
孝經・禮記（三册）
花間集（套色、插圖本）（二册）
杜牧詩選（二册）
李白詩選（簡注）（二册）
李商隱詩選（二册）
李清照集附朱淑真詞（二册）
近三百年名家詞選（三册）
近思録（二册）

辛弃疾詞(二册)
宋元戲曲史(二册)
宋詞三百首(二册)
宋詞三百首(套色、插圖本)(二册)
宋詩舉要(三册)
初唐四傑詩(二册)
長物志(二册)
林泉高致・書法雅言(一册)
東坡志林(二册)
東坡詞(套色、注評)(二册)
呻吟語(四册)
金剛經・百喻經(二册)
金奩集(二册)
周易・尚書(二册)
孟子(附孟子聖迹圖)(二册)
孟浩然詩集(二册)
草堂詩餘(二册)
茶經・續茶經(三册)
荀子(三册)
柳宗元詩文選(二册)
秋水軒尺牘(二册)
鬼谷子(二册)
姜白石詞(一册)
洛陽伽藍記(二册)
紅樓夢詩詞聯賦(二册)
秦觀詩詞選(二册)
珠玉詞・小山詞(二册)
格言聯璧(二册)
笑林廣記(二册)
唐詩三百首(二册)
唐詩三百首(插圖本)(二册)
酒經・酒譜(二册)
浮生六記(二册)
孫子兵法・孫臏兵法・三十六計(二册)
陶庵夢憶(二册)
陶淵明集(二册)
納蘭詞(套色、注評)(二册)
菜根譚・幽夢影・圍爐夜話(三册)
菜根譚・幽夢影(二册)
雪鴻軒尺牘(二册)

張玉田詞(二册)
越絶書(二册)
搜神記(二册)
閑情偶寄(四册)
飲膳正要(二册)
曾國藩家書精選(二册)
畫禪室隨筆附骨董十三説(二册)
絶妙好詞箋(三册)
夢溪筆談(三册)
楚辭(二册)
園冶(二册)
傳習録(二册)
傳統蒙學叢書(二册)
詩品・詞品(二册)
詩經(插圖本)(二册)
裝潢志・賞延素心録(外九種)(二册)
經史問答(二册)
經典常談(二册)
管子(四册)
隨園食單(二册)
蕙風詞話(三册)
歐陽修詞(二册)
遺山樂府選(二册)
墨子(三册)
樂章集(插圖本)(二册)
論語(附聖迹圖)(二册)
歷代家訓(簡注)(二册)
憶雲詞(二册)
戰國策(四册)
學詞百法(二册)
學詩百法(二册)
韓愈詩文選(二册)
藝概(二册)
顔氏家訓(二册)

清賞叢書

《清賞叢書》是廣陵書社最新打造的一套綫裝小開本圖書。本叢書選目均爲古人所稱清玩之物、清雅之言，主要是有關古人精緻生活、書畫金石鑒賞等著作，如高濂《遵生八箋》、張岱《西湖夢尋》、曹昭《格古要論》等，讓喜好傳統文化的讀者，享受古典之美，欣賞風雅之樂。

本叢書裝幀仍採用中國傳統的宣紙、綫裝形式，與本社另一套經典名著叢書《文華叢書》相得益彰，古色古香，樸素典雅，富有民族特色和文化品位。本社精選底本，精心編校，版式疏朗，字體秀麗，價格適中。現附列書目，以便讀者選購。

山家清供附山家清事（二册）
印典（二册）
西湖夢尋（二册）
牡丹譜　芍藥譜（二册）
荔枝譜（二册）
香譜（二册）
洞天清禄集　格古要論（二册）
梅蘭竹菊譜（二册）
猫苑　猫乘（二册）
琴史（二册）
遵生八箋·四時調攝箋（四册）
遵生八箋·起居安樂箋（二册）
遵生八箋·飲饌服食箋（三册）
遵生八箋·燕閑清賞箋（三册）
*汝南圃史（三册）
*海棠譜（二册）
*梅花喜神譜　梅花字字香（二册）
（加*爲待出書目）